TSUKARETA
ANATAWO
HOMERU HON

疲れたあなたをほめる本

わかる
(@wakarana_i)

ポプラ社

誰も
ほめて
くれないなあ

毎日、
それなりに
がんばって
それなりに
ふつう？に
暮らせてるはずなのに

どこか
自信がもてないし

なんか
満たされないし
モヤモヤする…

3

ポジティブな
「ほめ」に
変えちゃおうか

この2人と…!

5

登場人物紹介

主人公

ふつうに暮らしている女性。意識低めで、
よくダラダラしちゃう。

うさぎ

がんばっているとき、行動
をおこしたときほめてくれ
る。動物ではなくて妖精?

くま

どんなときでも何でもほ
めてくれる。動物ではな
くて妖精?

恋人

主人公の恋人。おだやかな
性格でおしゃべりが少し苦
手。

上司

主人公にとって、なかな
かうまく噛み合わないタ
イプの職場の上司。

友人

同僚。意識高め。主人公と
系統は違うけどなぜか気の
合う友だち。

もくじ

ひとりの時間のモヤモヤを「ほめ」に変える!

なるべくモヤモヤしないためのこれからの暮らし

ブックデザイン　佐藤亜沙美（サトウサンカイ）

第1章

人間関係の
モヤモヤを
「ほめ」に変える！

仕事に行きたくない

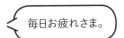

毎日お疲れさま。

休む方法を考えちゃう

明日…
仕事…
休みたい…

朝までに
会社爆発とか
しないかな…

…いや

でも　そしたら
無職になる…？
それは
困るねぇ…

なんかいい方法
ないかなぁ…

…ない

とりあえず
明日も行くしかないね

給料は
欲しいからねぇ

10億円くらい口座に振り込まれないかな。

やる気がない

そんなことを言いつつ、手を動かしていてえらい！ やる気がなくてもそれなりの結果は出せるし、やっているうちに気分がのってくることもあるよね。

溜め込んじゃう

ガマン強いのはいいことでもあるけど、無理しないのも大切だよ！
いいストレス発散方法を見つけよう！

つらさに慣れてしまう

つらい状況に適応しすぎなくていいよ。むしろ「大丈夫」ばかり言っているときは大丈夫じゃない率が高い。つらいならつらいでいいよ。

緊張してしまう

緊張するのは、好かれたい、いい結果を残したい、とかの欲望が理由らしいよ。誰でもそんな欲望をもってる。まじめに向き合っていてえらい！

深刻になっちゃう

ネガティブに考え込んでしまうのはキケン！ 終わったことをうじうじ考えないで、次！ 次！

24

帰宅後に元気になっちゃう

仕事行きたくない、めんどくさい、眠くて死にそうって思うけど、帰宅するとめっちゃ元気になって深夜までゲームとかしちゃう。

スマホに夢中になっちゃう

目の前の人に集中して楽しく会話するのもいいけど、やっぱりスマホは楽しいからね。話さなくても居心地がいい関係って素敵！

SNSに左右されすぎちゃう

この服みんな着てる！
買わなきゃ！
これもかわいい！
買わなきゃ！

流行に
敏感だね

他人の知りたくない日常を見て、勝手に落ち込んだりうらやましくなったりして、疲れちゃうことある。人は人！　自分は自分！　と思いつつ、そんなふうにできないこともあるよね。

よからぬことを考えてしまう

あの人の悪口を……
いや、やめとこう

思いとどまってえらい！

誰かの悪口、ムカついた人への仕返し……。やりたくなっちゃうときはたしかにある。でもそこはガマンする。

すぐ好きになっちゃう

みんなステキだね

みんな魅力的だ…好きかもしれない…

変な人に騙されたりしないようにね。

ほめられても喜べない

せっかくだから素直に受けとって喜んでみてもいいんじゃないかな。
ほめてくれた人も受けとってもらった方が嬉しいよ。

浮かれちゃう

せっかくの人生だから、うれしいときは浮かれなきゃ損だよね。

見たくないのに見ちゃう

つらいインターネットはしない！　それに限るのはわかっているけども、それが難しい！

傷つくのが怖い

人と深く関わると、ときには傷ついちゃうこともあるよね……。よく考えてから行動するのはいいことだ！

強がっちゃう

面倒だと思われたくないからって、自分の気持ちを言わないのもキケンだよ！　たまにはきちんと伝えようね。

機嫌よくできない

つかれてるんだね

些細なことでイライラしちゃうのは、自分に余裕がないのかも。いったん距離をとってみれば、また楽しく会話できるようになるよ。

余計な一言を言っちゃう

好きな人だと些細な変化にも気付いちゃうよね。でも、誰も幸せにならないようなことは言わない！

すぐ泣いてしまう

泣くつもりがないのに涙が…

やさしくされると泣いちゃうよね

えっ！

あっ…

泣いたっていいよ。ストレス発散にもなるし。泣き止んだ後は、笑って暮らせるようになったらいいよね。

気持ちが伝わらない

察して欲しい気持ちもわかるけど、伝えるべきことは伝えなきゃね。
恥ずかしがらないで！

人に会うのが面倒くさくなっちゃう

絶対に楽しいのはわかってるのに、化粧して、着がえて、家を出るのが面倒くさくなって、腰が重くなっちゃうこともあるよね。

手のひらで転がされたい

世渡り上手！
生き上手！

都合のいいように手のひらの上でコロコロ転がされているってことに気付いたとしても、すごく心地がいいから今はこのままでいたいってこともあるね。甘やかされるの最高。

何でもいいから甘やかされたい

もうダメだ
甘やかし短歌
ちょうだ～い

つかれたね
もう寝てください
こんな日は
化粧なんて
明日落とそう…

ちょっとの肌荒れならすぐ治る！

何でもいいからほめられたい

あ あ え ら い
お 風 呂 入 っ て
保 湿 し て
髪 か わ か し て
ま だ 8 時 だ し

ほ め 短 歌
あ り が と う

早めに寝る準備ができたなんて最高！

何でもいいからほめたい

ほめ短歌
ありがとう

かわいいね
笑顔キラキラ
耳かわいい
色もかわいい
全部かわいい

えへへ

逆にほめたい気分のときもある。

イヤなことを思い出しちゃう

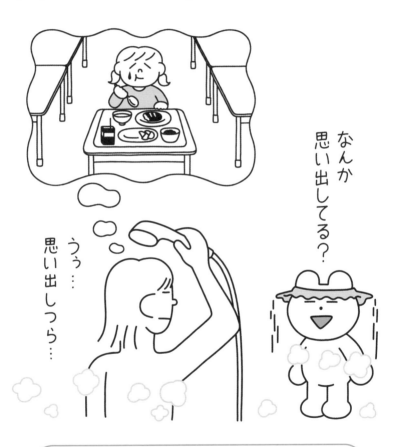

シャワーを浴びながら、思い出したくもない過去のつらかったことを思い出しちゃうの何で？　あと、給食のトラウマもってる人、多くない？

過去の自分が恥ずかしい

前髪にでかいピンをつけたり、何でしてたんだろうね？　あのときはあれが最高におしゃれだったのにね。誰にでも黒歴史はあるよ。

45

謙遜しすぎちゃう

わたしなんて
勉強も苦手だし…
運動神経も
よくないし…
なにも
成しとげてないし…

結構すごいと
思うよ…

そんなこと
言わないでよ

必要以上に自分を下げなくていいのに、なんか下げちゃうことあるよね。もっと自信をもっていいかもよ！

ハードルを下げちゃう

咄嗟に不必要な嘘をついちゃう。変な見栄を張っちゃってるのかな？

不安を煽られちゃう

今の自分でもじゅうぶん素敵だよ！　人と比べないで、まずは今の自分のいいところに目を向けてみて！

誰も気付いてくれない

見てるよ

いいことしても誰も見てないけど拾うか…

誰かは見ているぞ、なんて言うけど、実際はぜんぜん誰も気にかけてくれていなくない？　いいことをしたときは自分で自分をほめてハッピーになろう！

49

心を閉じちゃう

失礼なこと言う人の話は真剣になって聞かなくていい！　適当に理由をつけて、早く帰ろう！

断られるのを怖がっちゃう

断られたら断られたで別に傷つく必要もないはず！　とりあえず、声かけてみよ！

しゃべりすぎちゃう

おしゃべり上手！

ペラ

すらすら話せることも大事で素敵だけど、黙るべきときを知ることは、もっと大事だ！　ってわかってるけどね……。

外出が面倒くさい

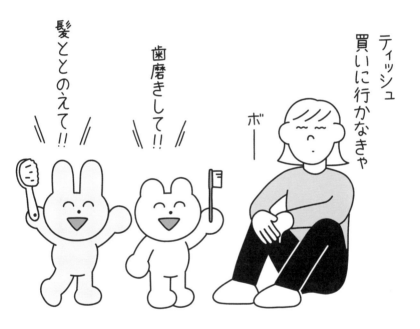

まずは身だしなみを整えてみよ。素敵な自分になれば、外に出る
気分になるかもよ！

違和感を感じちゃう

ほとんど
リスクなく
簡単に
かせげるんだよ
将来を考えたら
しないと損だよ

ハァ…

用心深くて
かしこい

違和感があったらきちんと疑うのは大切！　世の中の人、全員を
信じても大丈夫だったらいいけど、そんなことはない。落ち着い
てきちんと考える。

54

心配しすぎちゃう

いろんなことに配慮していてすごい！　でも、意外とちゃんとやれてるはずだよ。

悪くないのに謝っちゃう

咄嗟に「あっ、すみません」って言っちゃうことあるよね。悪くないなら謝る必要ないよ！

人のせいにしちゃう

何でもかんでも自分のせいではない！　人のせいもめちゃめちゃある！　それを自覚できれば、心にちょっと余裕ができるよ。

夢がない

実はほとんどの人がそうじゃない？ そのうち見つかるかもしれないし！

怒っちゃう

怒ってもいいに決まってる！！！！！

抵抗しなきゃいけないときはきちんと怒った方がいいよ。その人のためにもなるし。大きなことでも、小さなことでも、言わなきゃいけないことは言う。

あきらめちゃう

あきらめも大事！
グッドルーザー

戦ったなら負けることもあるよね。負けを認める客観的な視点をもっているのは大事！

自分の居場所がない

今いる場所がしんどかったら、もっと別の世界に目を向けてみる。
環境が変われば、きっと心も軽くなるよ。

素直になれない

イヤなことから逃げちゃう

ギャー！

逃げ足の速さ、生きていくうえで大切だよね

仲よくしていたり信頼していたりした人や場所でも、居心地が悪くなってきたら、距離をとってみるのもいいかもしれない。もし追いかけてきたら、逃げる必要もあるかもしれないね。

全員から好かれたい

大丈夫。きっと好かれてるよ。

ほうっておけない

面倒見がよすぎて窮屈に感じてしまうことはない？　やさしいのも
ほどほどにね。

友だちって言っちゃっていいか迷う

よくプライベートで会ったりもする同じ会社の人が——

友だちって言っちゃって大丈夫じゃない？

？

もしかしたら、相手に友だちって思われてなかったら傷ついちゃうから、友だちって言うの怖いよね。わかる。

輪に入れない

特に仲よくしたいと思っている人たちじゃなくても、話に入り損ねるとちょっとさみしいね。ちょうどいい感じにかまってほしいよね。

期待にそえない

もっと細かく資料に
まとめて
くれてると
思ってたよ

えっ

聞いてない
ね――

相手の思うようにならなかっただけで、怒られたり呆れられたりするのって納得いかない！　何なんだ!?

謝りたくない

謝って欲しそうだなぁ…

察してえらい

なぜか謝らせたがる人っている。自分が悪くないなら、そんなのは気付かないフリしちゃおう！

負けたくない

誰かと競い合うことで自分の位置を確認できるよね。

許したくないのに許しちゃう

怒ったり、指摘したりするのも大変だよね。面倒くさいし……。
次は許さないでおこうか。

上司と合わない

ガマンしてうまくやりすごせたらいいけどね……。相手を無理して理解しようとすることまではしなくていいんじゃないかな！

理解できない

嫌い同士でも逃げられないこともあるよね。そういうときはお互い
受け流せたらいいんだけどね。

威張っちゃう

えらそうにするのはダサいよね。気付いた日から気をつけたい！

ありがとうって言えない

照れやプライドのせいで言えないなら、絶対に自分を変えた方がいいよ！　家に帰ったら声に出す練習をしよ！　意外とスッと言えたりするよ。

誰もわかってくれなくてつらい

みんなに自分のことをわかってほしいと思ってはいても、なかなかうまく伝わらないよね。誰かに相談したくてもできない……。そんなときもお布団だけは優しくしてくれるよね。

第2章

ひとりの時間の モヤモヤを 「ほめ」に変える！

洗い物をそのままにしちゃう

今の自分に洗うのはムリ…

30分後の自分にまかせてみる？

今どうしても片付ける気分じゃなかったら、未来の自分に託してみよう。

洗濯物をすぐたためない

うん
うん

洗濯済みは
清潔だからいいよ

丁寧に暮らしたいのに、どうして雑さが出ちゃうんだろうね。

後回しにしたことを恨んじゃう

昨日の自分を恨んだって仕方ない、昨日の自分にはムリだったんだなと許してあげよう。でも現実から目を背けずに、ときには心を無にして、片付けてしまおう。

お風呂になかなか入れない

① 立つ
② 用意
③ 服をぬぐ
④ ぬれる
⑤ 洗う
⑥ ふく
⑦ 服をきる
⑧ 保湿
⑨ ドライヤー

めんどくさポイントが多すぎる

まず立つまでが大変

お風呂入るの面倒くさいよね。入ってしまって後悔したことはないのにね。

片付けが苦手

疲れて帰ってきて汚い部屋を見ると、絶望しなくはないけど、まあ誰にも迷惑かけてないし……。

急ぎじゃないことほどしちゃう

何でしなきゃいけないことがたくさんあるときほど、一度読んだことがある漫画を読み返したりしちゃうんだろうね？

矛盾をかかえちゃう

自分がつくったカレーを食べたい！けど、自分はカレーをつくりたくな〜い

素晴らしい

は

ぐぅ

お店で食べるカレーじゃなくて、お家でつくったカレーを食べたいときってあるよね。

欲張っちゃう

なんで
おかわり
しちゃったんだろう

人は過ちを
くり返す

あのときは足りない気がしたんだもんね。仕方ない。

今日も食べすぎちゃう

明日から
控えよう…ね

食欲があるのは
よいことだ

次はガマン、いや、次をガマン！　を繰り返して結局毎回110パーセントお腹いっぱいまで食べちゃう。でも健康の範囲内だったら本当は気にしなくていいよね。

自由になりすぎちゃう

急に踊ったり、笑ったり、泣いたりしてもいい。恥ずかしくない。
人間関係の疲れはひとりのときに自分で癒しちゃおうね。

毎日同じこと言ってる

毎日言うならポジティブな言葉がいいね。

平日に夜更かししちゃう

アラームかけなきゃ…

明日（今日）も起きる気持ちあるのえらい

ネム…

こんなに疲れているのに、明日しんどいのわかりきっているのに、夜更かしってやめられない！

寝落ちしちゃう

オートスリープモードだねえ

そっ〃

疲れたときは自動で寝ちゃうなんてハイテク！　朝起きて、またしなきゃいけないことしたらいいよ！

郵便はがき

102-8519

東京都千代田区麹町4-2-6
株式会社ポプラ社
一般書事業局　行

お名前	フリガナ	
ご住所	〒　　-	
E-mail	@	
電話番号		
ご記入日	西暦　　　　　　年　　　月　　　日	

**上記の住所・メールアドレスにポプラ社からの案内の送付は
必要ありません。** □

※ご記入いただいた個人情報は、刊行物、イベントなどのご案内のほか、
　お客さまサービスの向上やマーケティングのために個人を特定しない
　統計情報の形で利用させていただきます。

※ポプラ社の個人情報の取扱いについては、ポプラ社ホームページ
　（www.poplar.co.jp）　内プライバシーポリシーをご確認ください。

ご購入作品名

■この本をどこでお知りになりましたか？
□書店(書店名　　　　　　　　　　　　　　　　　)
□新聞広告　　□ネット広告　　□その他(　　　　　　)

■年齢　　　歳

■性別　　男 ・ 女

■ご職業
□学生(大・高・中・小・その他)　　□会社員　　□公務員
□教員　　□会社経営　　□自営業　　□主婦
□その他(　　　　　　　　　　　)

ご意見、ご感想などありましたらぜひお聞かせください。

ご感想を広告等、書籍のPRに使わせていただいてもよろしいですか？
□実名で可　　□匿名で可　　□不可

一般書共通　　　　　　　　　　　　　　ご協力ありがとうございました。

寝坊しちゃう

アラームに
負けず
ギリギリまで
寝る気持ち
かっこいい

朝、パッ！　と起きられたことなんてほとんどない。早起きできなくても遅刻しなかったなら、朝の準備が速いってことだよね！　テキパキしてえらい！　もし遅刻したら、しっかり謝ろうね。

週休2日でもつらい

実は月曜日って5連勤初日だよね

おっしゃる通りだ

週5日働くのってちょっと多すぎない？　正気を失わなくてすごいよ。

朝起きられない

朝って本当につらいよね。仕事や学校、家事のために毎朝起きるのってめちゃめちゃえらい。

自己啓発しきれない

自己啓発本を読んだり、YouTubeを見たりして、すごくやる気になっても、すぐ忘れちゃう。結局、行動に移せなくて、罪悪感を感じて、自分はいったい何がしたいんだろう？　って思うときあるよね。

飽きっぽい

多趣味
かっこいい

最近どれも
あんまり
してないね…

趣味は楽しみながらストレス解消につながってるんだから、変わったっていい！　新しいことにチャレンジしてすごい！

行き当たりばったりすぎる

臨機応変

何でも柔軟に対応できるのはすばらしい！　計画的なのもすばらしいけどね！

いつも後悔しちゃう

後悔できているなら、今日からがんばれるってことじゃない!? がんばろうとしててえらい！

運動不足

脂肪が燃焼するまで運動するのってなかなか時間かかるんだよ

物知り！

運動不足を解消するには運動をするしかない！ でも、そんな体力も時間もないよねえ。

加齢が気になっちゃう

不意に写った自分の顔にガッカリしちゃうのは仕方ないよ！　いい感じで歳を重ねたいね。

スマホばかり見ちゃう

5分でもやめたらまあそれは目によさそうだよね。

時間を捨てちゃう

また
無料アプリで
なん時間も
ムダに
しちゃったよ

なにか得るものは
あったはず！

広告が多いのに絶妙に楽しくてやめるタイミング逃しちゃうよね。
済んだことは仕方ないから、もうアプリを消そう！

何でも検索しちゃう

Guuugle

友だち　作り方

豊富な知識！

検索は便利だけど頼りすぎには注意かもね。

釣られちゃう

知らない人のウソかホントかわからない話に騙されないで！　長い目で人生を考えてみて！

準備に時間がかかっちゃう

ギリギリまで時間を使って素敵になろうとする向上心がすごい!
でも、遅刻しないようにね!

依存しちゃう

ひとつのことへの依存は危険だ！　依存先を増やすことが自立って聞いたことがあるけど、その通りだと思う。

意識低い

成功や達成を積み重ねて、自分自身を奮い立たせて、がんばって、がんばって、毎日を過ごしている人もいるかもしれないけど、ゆっくりのんびり暮らすのが好きで楽しい人もいる。

意識高い

健康的ね

幸せは人それぞれ…

ゆっくりのんびり暮らしていて幸せを感じている人もいるかもしれないけど、休憩しちゃうと逆につらくなっちゃう気がして、今はがんばりどきだからがんばるよっていう人もいるよね。それが楽しくて幸せだからね。

同じような物を買っちゃう

経済回してるねぇ

ジャ〜〜〜〜〜ン！

ストレス解消になるよね！　でも、何日か後、何ヶ月か後の自分も欲しいと思っているような物だけ買おう！

浪費しちゃう

これは来月忙しい自分の
テンションを上げるために
買っておこうかな、一応ね

回復アイテム？
かしこい！

ネットで買いものするのはお店で買いものするのとは違って、届く！
という楽しい予定を前もって入れていることにもなる。自分の限界
が来そうなタイミングで届くようにすると、回復アイテムとして活用
できる！

電話が嫌い

あっ…あっ…
お忙しいところ
すみません…
あの…えっと…

プルルルル…ガチャ

準備がいいね

予告なく電話がかかってくると急用かと思って怖いし、かけるのも
緊張しちゃうよね。

予定がない

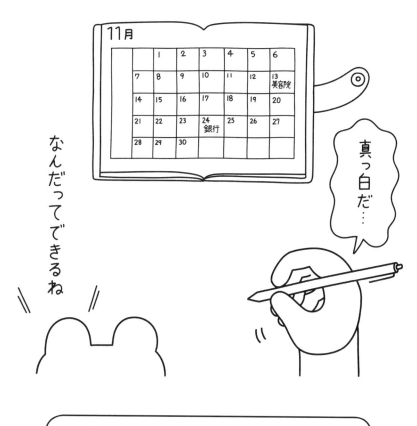

ちょっとさみしくもあるけど、予定がないってことは好きなことをできるってことだから！

言い訳しちゃう

まったく誰からも責められてないのになぜか言い訳を頭の中で考えてるときない？

最悪の事態を考えちゃう

いろいろと不安でも意外と大丈夫。思ってるほど嫌なことは起きないよ。

休日をうまく使えない

せっかくの休日なのに
今日は12時間も
ここに座ってた…

楽しかったね

何てぜいたくな時間の使い方！ 心に余裕がある証拠だね。でも、前日までに考えた充実した休日の計画をまったく実行できずに、ダラダラ過ごしちゃうのなんだろうね。

いくらでもラクしたくなっちゃう

寝るのは最高だからね。

すぐ休憩しちゃう

しっかり
休んで
えらい

ビシッ

スヤッ

がんばったあとはしっかり休むことも大切だよね。そうじゃないと
体調崩しちゃうからね。しっかり休んでえらい！ なるべく快適に
休んでね。

ポジティブすぎる

もし一日を無駄にしてしまったら、一日長く生きればそれで同じじゃない？　いつまで生きるかは選べないし決められないからそんなこと考えたって意味がない。休憩したいなら休憩すればいいよ。

虚無を感じちゃう

ちょっと疲れてるんじゃない？　虚無感の理由は休憩しながら考えようね！

完璧を求めちゃう

仕事、勉強、家事、全部きちんとやれていないときはしんどくなっちゃう…

わかるよ

完璧にしようとすることはいいことだ！ でも、全部をきちんとこなそうとすると、逆に始めるのが億劫になっちゃうよね。ムリしないでのんびりいこう！

コンプレックスがつらい

見た目のことかもしれないし、中身のことかもしれないし、人それぞれコンプレックスはあるものだよ。気にしない気にしない……、なんて、無理だよね。

自己肯定感がよくわかんない

自己肯定感なんて大人になって得るのは難しい気がするし、自己肯定感がないことに自信をなくさなくていい。元も子もない。

訳もなくつらい

本当に何も理由がないか、少し休んでから考えることにしていったん休もう。何もしなくていいよ。

すぐ忘れちゃう

終わったことは仕方ないし、忘れちゃっていいことは忘れちゃおう。

時間差でムカついちゃう

とっさに怒れなかったの悔しいよね。

萎縮しちゃう

無理かなと思っても、ときには思い切ってチャレンジしてみるのはどう？　たまにはいいかも！

なかなか報われない

なんでこんなに頑張ってるのに結果が出ないんだろう…

ハァ…ハァ…

ドゥゾ

今日もがんばってえらい

その努力、ムダになることはないよ！　今すぐには結果が出なくても、悪いことにはならないはず！　今日もお疲れさま！

元気が出ない

死ぬまで健康な人なんていないんだから焦る必要ないよ。うまく体調と付き合っていけたらいいね。

127

何もかもうまくいかない

厳しい一日をよく乗り切った！　がんばったね。今日は早く寝ちゃおう。

なかなか傷が癒えない

忘れたいような嫌なこと、芋づる式にズズズと思い出してしまうことがあるけど、心がぐちゃぐちゃになってしまうので今すぐストップ！思い出さなくていいよ。

いつまでも悲しい

もう忘れてもいいほど
前のことが
まだしっかり
悲しい…

なんでだろう
これで
いいのかな…

なにも悪くないよ

昔のことをいつまでも悲しんでる自分が嫌になるときもあるけど、無理に心に蓋をする必要はないよ。悲しい気持ちも大切にね。

夜にメソメソしちゃう

さみしくなったり、絶望しちゃったりするような夜は早めに寝るべきだよ。

孤独を感じちゃう

洗濯機を見つめてるだけの時間があってもいいよね。心地よかったりもする。

第3章

なるべくモヤモヤしないためのこれからの暮らし

意見を変えてもいい

思っていたのと
違う…!
けど
まあいっか!!!!

いいよね
人だもの

世の中や人間関係は日々移り変わるから、自分自身が変わるのも
当たり前。柔軟にね。

バランスよく

何ごともバランス！ 自分自身がちょうどいい、求めるバランスを考えて追求してみよう。やりたくないことはなるべくやらなくていいように楽しく暮らしたいね。

できるだけ健康でいる

健康第一

体にいいことをするのって、何かいい気分になるしね。

面倒なことを先にやる

早めにお風呂に入る

なかなかお風呂に入らない

21時

22時

23時

24時

※例です

何だか楽しい夜を過ごせそう!

137

些細なことでも自分をほめる

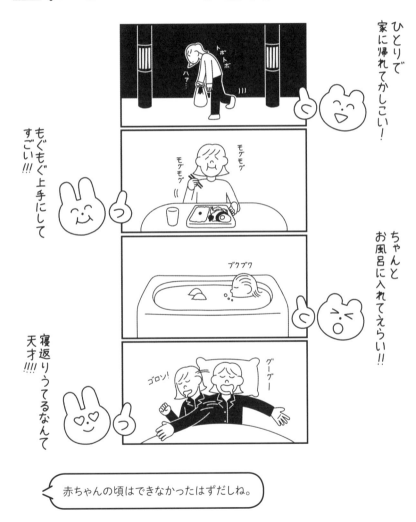

みんなをほめる

失礼なほめ方はしないように気をつける。

自分にご褒美をあげる

何かめでたいことがあった日じゃなくても、自分を甘やかすのもいいよね。いい入浴剤を入れたり、ケーキを食べたりしてもいい。ありがとう、入浴剤職人とパティシエ！ そして働くすべての人々！自分！

ときには後回しにする

すべてのことに向き合って、きちんとすることが一番いい気もするけど、そんなキャパシティないよね。今ムリだったら、いったんあきらめて、後回しにして忘れたフリしちゃってもいいと思う。

141

嫌いなことは嫌いなままでもいい

苦手なものはやんわり避けて、好きな物を大切にしていこう!

物を大切にする

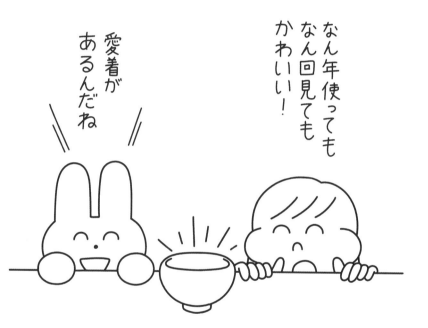

どこかの誰かが大切に作ってくれた物を、愛用していきたいね！

結果オーライになるまで待つ

傘を忘れて雨に濡れちゃった日だって、そのまま早めにお風呂に
入れてラッキーと思えば結果オーライ! 落ち込まなくてもOKだよね。

失敗ばかり気にしない

今日は
○○を
失敗したけど
××は
成功したんだよ　ドヤッ

すごい！
天才？

失敗ばかりを気にしないで、成功したことにも目を向けて暮らす。

自信をもつ

根拠のない自信？
いいね〜

なんとなく
自分なら
イケる気が
してる！

とにかく自信をもつ！　根拠はあってもなくてもどっちでもいい！

コツコツがんばる

地道な努力は何よりも大切！

効率化する

コツコツがんばるのも大切だけど、工夫も大切だね。

目標を決める

まずは
あそこまで
やってみる！

きちんと考えて決めて、決めたところまではしっかり進んでみる！
そこまではまず続けてみる！

やり遂げる

嫌なことは無理して続ける必要はないけど、しっかり自分の頭で考えて決めたことはやり遂げた方がいい。きっとレベルアップできるよ。

やめてみる

手がいっぱいのままでは何も持てない。そんな状態では楽しいことはできないよ！　思い切って手放しちゃうのもいいかも。もっといいことが起こるかも!?

環境を整える

環境が整うと、気持ちのスイッチが入るよね。

勉強する

知識が増えると視野が広がって、優しくなれる。どれだけ勉強しても学ぶことは尽きないから楽しいよね。

すぐにあきらめない

何度でもチャレンジできることはやっちゃおう！　後悔しないように！

夜を楽しむ

夜更かしもたまにはいいよね。夜に映画を見たり、本を読んだり
っていつもと違って何か楽しいよね。

どんなときも睡眠はとる

睡眠は
なにより大切！

ヘヘッ

イイネ〜

今日はあんまり
がんばれなかったけど
夜だから
ぐっすり寝ちゃおー！

疲れていても、疲れていなくても、寝た方がいいに決まってる。
夜になったら寝る！

寝すぎない

朝から夜遅くまで遊びたいし、昼まで寝たいし、したいこともたくさんあるのに、朝になると起きなきゃいけないのつらいよね。えらい。えらいえらい。

人に聞いてみる

総合的に一番わかってるのは自分自身かもしれないけど、すべてのことをわかってるとは限らない。人の意見も聞いてみる。自分が思ってるよりも理解されてるかもよ。

人にお願いする

何でも自分でガマンしながらする方が楽だと思わない。ちゃんと人を頼ってお願いすることも大切。

自分ごとにしすぎない

親身になりすぎてつらい思いをしないで。すべてのことに向き合わないで、距離を置くことも大切。そういうときは、「よそはよそ、うちはうち」でいい。

他人ごとにしすぎない

関われるところから関わる。それが他の人や自分の幸せにつながっていったらいいね。

余裕をもっておく

自分のキャパシティを知っておくのは大切。余裕と元気がなければ人に優しくできないからね。なるべく余裕をもって暮らそう。

地に足をつけて暮らす

めぐってくるかわからない運に期待しすぎちゃうよりも、今ある幸せを大切にして暮らそう！

お金を大切にする

支出を
確認して…

貯金と投資も
して…

節税も
ちゃんとするよう
心がけてるよ！

ちゃんと
大人…！

お金で買えないものはたくさんあるけど、お金がないとできないこともたくさんあるから、できることはしていこう！

嘘はガマンする

このままじゃ
遅刻しちゃうよ〜
電車遅れたことに
しよっかな…

しちゃうの？

都合よく嘘をつきたくなるときもあるけど、辻褄が合わなくなってくるからガマンしよ！

165

誠実でいる

誠実が一番おしゃれでかっこいい!!!!!

不誠実が一番ダサい！

敬意を忘れない

不思議ね

それぞれの人生…

みんなそれぞれ思うことがありながら、なんとか暮らしているね。
きちんと敬意をはらいたいね。

ルールは守る

信号を守る、ゴミはゴミ箱に捨てるとか、そういうルールを破るのはかっこ悪い！ でもルールが変なときは変えちゃうのもあり。

やりすごす

自分のダメさに心が折れてしまうこと、たくさんあるけど、結局そのまま生きるしかない。寝て起きて、明日も生活を送ろう。がんばれたらがんばろう。

冷静でいる

何ごとも冷静に対処するよう心がける。たとえ怒っていても。

ときにはやり返す

あれを、こうして…
これは、ああして…

あとは…

仕返し？

もちろん穏やかに暮らしたいけど、ここぞというときは、やられたらやり返したっていいと思う！　いいやり方で戦おう！　計画を練ろう。やり返すときは慎重にね！

協力しつつ自立して暮らす

これぞ大人！

それぞれひとりの時間を大切にしつつ、困ったときはお互いに助け合う。そんなふうに暮らせたらいいね。

イヤな言い方はしない

水どんだけ出すん？（笑）
泡とれてないよ（笑）
そのやり方
効率悪くない？（笑）
もういいや、私やるわ（笑）

ありがとう！！！

ステキな関係

とっても素敵な思いやりだ！ 怒りや嫌悪を伝えるためにチクチクした言葉や言い回しで伝えない。いいことなんて何もない！

173

別れを受け入れる

人との別れのタイミングは自分で選べないことも多くてつらいよね。
時間がかかるけど、どうにか受け止めなければいけないね。

ときには忘れたフリ

すべてのことと向き合う必要ってある？ 後悔や未練があっても忘れたフリすることもあっていいと思う。

気分転換する

本と音楽は、いつだって癒しをくれるよね。

時間が解決してくれる

去年までの
つらさ
今は
ぜんぜんない！

時間が経つのって
早いねぇ

別の
つらさは
あるけど…笑

すごくつらかったことも時間が経つと、不思議とつらくなくなってる。
時間は偉大だ。

選択する

どの道を選んでも過去には戻れないけど、悩みながらも思い切って選んで進んじゃおう！　今はつらくてもこれでよかったと思うときがくるかもしれないよ。

感謝を忘れない

余裕がある日は出会った人たちに感謝しちゃおう。もっと調子がよければ太陽にも感謝しちゃおう！

自分の気持ちを隠さない

愛をもって恥ずかしがらずに気持ちを伝える。その方がうまくいく！
駆け引きするのは超上級者！

180

強めの深呼吸をする

スウウウウウウウ

スウウウウゥゥゥ

スウウウウウゥゥゥ

ハァァァ ハァァァァァ ハァァァ

行き詰まってきたら、まずは強めの深呼吸だ!!!!

どんなときでもそばにいる

いいときも悪いときもそばにいる。いいときだけいるのはダメ。

モヤモヤのままにしておく

モヤモヤをすべてポジティブに変えるなんてさすがにムリだから、
そのまま置いておくのもあり。

特別じゃなくていい

特別に
得意なことはないけど
ハッピーに
暮らせてるなぁ

最高の
人生じゃん

一番になったこともないし、何かを成し遂げたこともない。自分自身を特別に素敵だとはなかなか思えなくても、「何かいい」と思える自分でありたいね。

184

小さな幸せを見逃さない

幸せの数は多い方がいいけど、見逃しちゃうと増えないからね。
ひとつでも多く見つけようね。

今日が楽しければきっと明日も楽しい

考える

わたしは
なにができて
なにをして
あげられるだろう

ん—

ん—

人の言葉や行動に乗っかってばかりではいけない。中立が正しいわけでもない。自分は何ができて、何をしてあげられるんだろう。それを考えるのが人生かもしれないね。

あとがき

　赤ちゃんのころは、寝返りをうっただけで、おすわりをしただけで、ご飯を一口食べただけで、これでもかと言うほどほめられるのに、おとなになると、まあまあ「ふつう」に生きているだけではほめられることはありません。悪いときだけはしっかり怒られるのに。

　そもそも「ふつう」のハードルが高くないですか？　「ふつう」って何!?　たとえば「面倒くさいけどお風呂に入った」とか「めちゃくちゃ眠いのに予定した時間に起きられた」とかは日常のことだから、それを分類しちゃうと「ふつう」のことになってしまって、まず人からほめられません。でも、それは「すごくえらい！」ことだと思うんです。

　今この瞬間ダラダラしていたとします。それは昨日がんばって疲れているからです。じゃあそのときは、ダラダラを咎められるよりも、ほめられたい……。昨日

がんばってなくても、一昨日ものすごくがんばったのかもしれないし、明日がんばるための充電かもしれないし、ダラダラしていたことで思いつく大発明もあるかもしれない。というか、ダラダラするのも退屈するのも別に悪いことじゃないですよね。本当は「生きているだけですごい!」ことなんです。何をしていても、どんなタイミングでも、ほめるところはあると思います。

今回、ポプラ社の辻さんにお声がけいただき、うさぎとくまを通して、日常を少しでもポジティブにとらえてほしいという気持ちを込めて本を作りました。

それぞれ考え方はあるけど、ほとんどの人は世界が"いい方向"に進めばいいと考えていると思います。そのために、第三章にはわたしができる「なるべくモヤモヤしないためのこれからの暮らし」を考えて書きました。できていないことも多々あるので自戒の意味も込めていますが……。

上司や同僚や友達やパートナーや親に「ほめて!」とは言いづらいのですが、そんなときは心の中のうさぎとくまに自分自身をほめてもらい、暮らしていただけたら嬉しいです。

わかる

189

わかる

イラストレーター。1991年生まれ。シンプルな線でニコニコした顔のイラストが特徴。広告、書籍、雑誌、Web媒体のイラストレーションの制作を中心に活動している。LINEスタンプも販売中。著書に『今日は早めに帰りたい』(KADOKAWA)がある。本書は初のメッセージブック。好きなほめ言葉は「すごい」「えらい」「ちょうど良い」「センスがいい」「歯が白い」。
Twitter: @wakarana_i
Instagram: @wakarana_i2

疲れたあなたをほめる本

2021年10月18日　第1刷発行
2021年12月10日　第2刷

著　　者　わかる
発 行 者　千葉 均
編　　集　辻 敦
発 行 所　株式会社ポプラ社
　　　　　〒102-8519　東京都千代田区麹町 4-2-6
　　　　　一般書ホームページ www.webasta.jp

印刷・製本　中央精版印刷株式会社